Marinissimas Verlockungen

Echte altösterreichische Kekserl Confect & Schnitten

dargereicht von Marina Kasimir

FLOTAINMENT

1. Auflage, November 2002
2. Auflage, Mai 2003

ISBN 3-936877-00-9
EAN 978-393687700-7

FLOTAINMENT

Friedrichstraße 73, 52070 Aachen/Deutschland
www.flotainment.com

Gestaltung: Arantzazu Moral Lasala
Lektorat: Jochen Leuchter
Korrektorat und Satz: Florian Deutsch
Druck und Verarbeitung: Sieben GmbH, Mönchengladbach
Printed in Germany

Arantza und Florian
für ihre Hilfe als Verleger und Vorkoster gewidmet
und allen Freunden nah und fern,
welchen meine Verlockungen das Leben versüßen

Salzburg, Herbst 2002

Introduktion

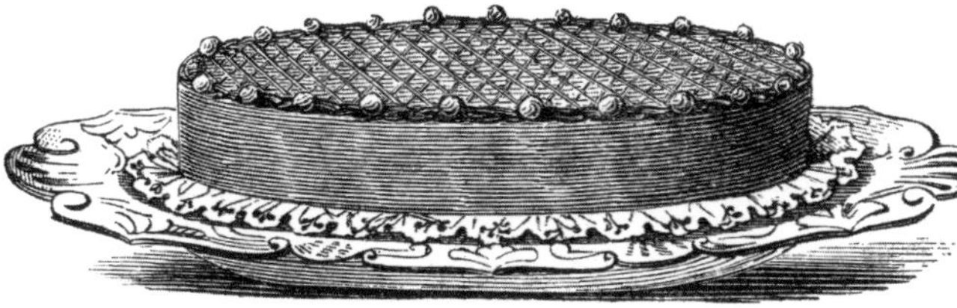

An meine Leserinnen und Leser!

Mit diesem Buch lege ich, liebe Freunde des Süßen, einen Teil meiner Sammlung von Marinissimas Verlockungen, die ich im Laufe meines langen Lebens gesammelt und vielfach gebacken habe und mit welchen ich meine Familie und Freunde verlocken und erfreuen kann, in Ihre Hände. Ich wünsche mir, daß Ihnen dies auch gelingt und daß Sie, so wie ich, viel Freude mit dieser kreativen Arbeit haben werden.

Für jene, die schon geübt sind, werden die Rezepte eine Ergänzung der eigenen sein, aber für jene unter Ihnen, liebe Gourmets, die Sie das Backen von Marinissimas Verlockungen noch nicht als Entspannung vom Druck des Alltags, sondern als Stress in der Küche erfahren haben, sei folgendes gesagt:

Kochkunst ist zwar tatsächlich eine Form von Kunst, aber keine Hexerei , die nur privilegierten und begabten Damen und Herren vorbehalten ist. Nur Weniges, drei Hauptbedingungen, erfordert diese Kunst: man muß wollen, ein bißchen Phantasie und ein gutes Kochbuch und/oder eine gute Anleitung. Zur letzten Hauptbedingung möchte ich gerne meinen Beitrag leisten mit diesem Büchlein und meinen Koch- und Backkursen.

Beides arrangiert eine Frau, die Kochen und Backen als Hobby betreibt und nicht als Profession, und das für Damen und Herren, die ebenfalls die Küche als ein Hobby ansehen. Wir sind keine

Zuckerbäcker oder Konditoren, aber so manches Produkt aus unserer Hand könnte mit jenen der Professionisten mithalten - und darauf dürfen wir stolz sein. Sie werden sehen, welche Freude Sie mit Ihren Produkten verbreiten werden und wie gut Ihnen das Lob der Genießer tun wird. Es stimmt schon, was man auf alten Wandschonern lesen konnte: *Die Liebe geht durch den Magen* ... auch heute noch.

Anmerkung zum Stil dieses Buches

Nach dem 1. Drittel des 19. Jahrhunderts und einer vorher erfolgten Rechtschreibreform änderte sich der literarische Stil der Rezeptanweisungen wesentlich: Bis dahin erklärte und unterrichtete der Verfasser stets in der 2. Person singular und sprach somit recht persönlich und direkt die Köchin, den Koch, der seinen Rat suchte, an. Die Rezepte endeten meist in einer ermunternden Formel, wie ... *dann backe ihn/sie/es recht schön im Öferl* ... oder ... *so bring es zur Tafel und es ist gut* ...

Heute hingegen verwendet man im Allgemeinen die unpersönliche Form der 3. Person singular ... *man nehme* ... oder völlig neutral ... *alle Zutaten in einen Weidling geben, gut mischen* ...

Ich werde Ihnen meine Verlockungen in der ersten, liebeswerten altmodischen Art ... *Nimm 8 Dotter und mische sie mit 28 dag Geruchzucker* ... vorlegen und somit in direkten Kontakt mit Ihnen treten. Doch möchte ich betonen, daß die Rezepte dennoch durchaus modern, verträglich und zum Teil auch vereinfacht sind, wenn es sich um zu üppige barocke handelte.

In diesem Sinne: Nimm das Büchl und fang an ...

Salzburg, Herbst 2002
Marina Kasimir

ALLERLEY NÜTZLICHE RATHSCHLÄGE

Bäckereien zu Tee und Café bestehen meist aus Mürbteig, Eiweißmasse oder Marzipanmasse, Schnitten oft aus Rührteig. Konfekt besteht aus mehllosen Massen, die kalt verarbeitet werden.

ZUM MÜRBTEIG:

Mürbteig besteht aus Mehl, Fett (Butter) und Zucker, evtl. Eiern, mit oder ohne Zucker, mit Wein oder Rahm. Das Verhältnis zwischen Mehl und Fett bestimmt die Güte des Teiges. Allen gemeinsam ist, daß der Mürbteig schnell und kühl verarbeitet werden muß und anschließend im Kühlen rasten soll. Dies gilt sowohl für die händische Verarbeitung, als auch für jene in der Küchenmaschine. In Letzterer gelingt der Mürbteig besonders gut.

Die Prozedur ist einfach: Man schneidet die kalte Butter (Margarine ist heute nicht mehr schnittfest und daher nicht geeignet) in kleine Würfel und verbröselt diese rasch mit dem gesalzenen Mehl, fügt dann die restlichen Zutaten bei, knetet schnell und gut bis ein homogener Teig entsteht, den man, in Plastikfolie gewickelt, im Kühlen rasten läßt. Dann wird er dem Rezept entsprechend weiter verarbeitet. Mürbteig kann auch roh gut eingefroren werden, falls etwas übrig bleibt.

In den Rezepten wird nur mehr stehen. ... *Bereite einen Mürbteig ...*, um Wiederholungen zu vermeiden.

ZUR EIWEISSMASSE:

Wenn Eier in Klar und Dotter geteilt werden, dann ist darauf zu achten, daß das Eiweiß ohne Dotteranteile in ein fettloses, sauberes Gefäß (Glas) gegeben wird. Fettanteile würden das Aufschlagen des Klars zu einem festen Schnee hemmen oder gar unmöglich machen. Das Gleiche gilt auch für den Schneekessel, der zum Aufschlagen des Schnees verwendet wird. Eine Prise Salz ist überall willkommen, auch beim Schnee.

Für Spanischen Wind (Baiser, Merengue) wird der Schnee zunächst fest geschlagen, dann nach und nach der Kristallzucker zugegeben und weitergeschlagen, zuletzt erst der Staubzucker vorsichtig untergerührt.

ZUR MARZIPANMASSE:

Rohmarzipan kann man selbst herstellen, stets mit geschälten, feinst geriebenen Mandeln, die man im gleichen Verhältnis mit Staubzucker gut verknetet, also 1:1, und evtl. einen Schuß Rosenwasser hinzufügt.

In unserem Lande kann man industriell hergestelltes Rohmarzipan gut kaufen, und dieses eignet sich vorzüglich für alle Rezepte. Es sollte sich wirklich um Rohmarzipan handeln und nicht um Marzipan, welchem anderes zugesetzt wurde, wodurch es sehr viel süßer ist.

Zum Backen von Keksen:

Kleingebäck sollte in fast allen Fällen, wenn nicht anders angegeben, heiß und schnell gebacken werden, eine genaue Angabe der Zeit und Temperatur ist fast nicht möglich, weil jedes Backrohr ein Eigenleben führt.

Das Backpapier ist eine geniale Erfindung, für alles geeignet und ersetzt die in früheren Zeiten verwendeten Oblaten für Eiweißmasse und macht das Fetten oder Wachsen von Blechen oder Formen überflüssig.

Spanischer Wind soll mehr getrocknet als gebacken werden, dies gilt auch für die so beliebten Vanillekipferl und Velourchiffons. Die Masse beider ist so fettreich, daß sie bei zu hohen Temperaturen zerrinnen würde und man niemals die Kipferln im Zucker wälzen könnte, also nicht höher als 140 Grad, und daher auch entsprechend lange backen.

Zum Konfekt:

Konfekt, Zuckerl, Bonbons oder wie immer man es nennt, verlangen unbedingt frische und erstklassige Zutaten. Konfekt wird nicht gebacken, die Ingredienzien bleiben roh, verderben leicht und daher ist Konfekt immer kühl aufzubewahren und nach Möglichkeit rasch zu essen.

Sehr oft - schon wegen des schöneren Aussehens - wird Konfekt mit Schokolade überzogen. Normale Kochschokolade oder Couverture wird nach kurzer Zeit grau und glänzt nicht. Man sollte Tunkmasse nur in Konditorenfachgeschäften kaufen, denn damit erzielt man schönste Erfolge ohne Ärger. Die Tunkmasse bleibt glänzend und trocknet sehr schnell, löst sich leicht vom Backpapier oder der Alufolie

.

Glasuren aus Eiweiß und Staubzucker oder Wasser und Staubzucker - alle heißen in der Fachsprache Eise - kann man auf alle Fälle selbst machen, sollte man sogar, denn meiner Erfahrung nach entsprechen vorgefertigte Glasuren nicht höchsten Ansprüchen und die Chemie läßt sich nicht wegzaubern.

Für gespritzte Verzierungen oder Schriften muß man sich ein kleines Stanitzel aus festem Pergamentpapier drehen und die Öffnung so klein wie möglich halten, um feine Striche zu erzielen. Am günstigsten ist es, wenn man sich dies von einem Fachmann zeigen läßt, denn es gibt einen kleinen Kniff, den man schriftlich schwer erklären kann und einfach in der Praxis gesehen haben muß. In meinen Backkursen versuche ich, diese Kniffe zu vermitteln ...

Zum Aufheben der Süssigkeiten:

Konfekt und Kekse sind sehr empfindlich und nehmen rasch Gerüche und Geschmack anderer Lebensmittel oder ihrer Umgebung an.

Man bewahrt jede einzelne Sorte in einer eigenen, gut verschlossenen Blechdose im Kühlen auf. Auch moderne Plastikdosen, die hermetisch verschließbar sind, eignen sich, wenn sie vorher geruchlos waren.

Die Haltbarkeit hängt von der Beschaffenheit des Gebäcks ab.
Butterreicher Mürbteig und Konfekt halten sich nicht allzu lang, 2 bis 3 Wochen - und nicht länger - wäre die Idealzeit. Backwaren aus Eiweißmasse halten sich relativ lange. Natürlich schmecken alle Süßigkeiten frisch am besten.

Wenn man sich mit der Weihnachtsbäckerei an die Arbeit macht - und dies fängt traditionell am Fest des Hl. Andreas, dem 30. November, an - dann backt man zuerst die lang haltbaren Sorten (wie Lebkuchen und Busserl), zuletzt macht man dann nuß- und schokoladenreichen Konfekt.

Zu Maßen und Gewichten

In Österreich wird seit der Metrischen Konvention von 1875 das metrische Maßsystem verwendet, das allgemein in Europa üblich ist.

Man findet in den Rezepten allerdings kleinere Mengen als ein Kilogramm in Dekagramm = dag angegeben.

1 dag = 10 gr

Wenn im Rezept 14 dag Butter vorgeschrieben sind, dann sind das 140 gr (Gramm).

Eselsbrücke: man hängt einfach eine Null an und erhält somit die richtige Angabe in Gramm.

Bei den Hohlmassen stößt man auf das Maß Seitel. In diesem Falle handelt es sich um 3/10 Liter.

1 Seitel = 0,3 Liter

1. Kapitel
Allerley Kekserl, Kipferl, Busserl

Einfache Mürbkekse

Nimm:
50 dag Mehl
25 dag Butter
25 dag Zucker
1 Ei

Bereite schnell einen Mürbteig, lasse ihn wie üblich rasten, walke ihn dünn aus und steche ihn in diversen Formen aus. Backe die Kekse bei 190 Grad goldgelb, sie müssen knusprig sein!

Diese einfachen, sehr schmackhaften Kekse kannst du auch mit Ei bestreichen und mit Mandeln bestreuen, oder wenn fertig halb in Couverture tunken, oder mit Marmelade je 2 zusammensetzen, oder ...

Für Weihnachten eignen diese Kekse sich sehr gut für Christbäumchen. Dazu mußt du 4 Sternausstecher in 4 Größen haben und einen kleinen runden:

Steche 1 x den Runden aus für die Basis
Steche 3 Stück von dem größten Stern
Steche 3 Stück vom Zweitgrößten
Steche 2 Stück vom Nächsten
Steche 2 Stück vom Kleinsten aus.

Mit weißer Glasur (Klar mit Staubzucker zu einer Glasur verrührt) setze die Sterne versetzt übereinander, den kleinsten Stern teile in der Mitte durch, und setze eine Hälfte als Spitze stehend auf. Wenn getrocknet, kannst du die Bäumchen entweder nur mit Staubzucker bestreuen oder mit weißer Glasur überziehen. Sehen sehr hübsch zu Weihnachten als Tischdekoration aus.

Vanillekipferl

Nimm:	oder:
22 dag Mehl	22 dag Mehl
20 dag Butter	20 dag Butter
10 dag Zucker	5 dag Zucker
10 dag geriebene Mandeln	10 geriebene Haselnüsse

Staubzucker und Vanillezucker zum Wälzen

Bereite schnell einen Mürbteig und stelle ihn 1/2 Stunde kalt, dann forme ca. 3 cm dicke Rollen, von welchen du gleich große Scheiben abschneidest, die du dann zu Kipferl formst und sie sogleich aufs mit Backpapier ausgelegte Blech legst und sie sehr kühl bei 140-150 Grad backst, bis sie Farbe angenommen haben (ca. 10-15 Minuten). Erkaltet wälzt du sie in mit Vanillegeruch versetztem Staubzucker.

Die Vanillekipferl zerbrechen sehr leicht wegen ihrer Güte, daher immer nur ein Kipferl in den Staubzucker geben und mit einer Gabel oder einem Messer im Zucker wälzen. Wenn das Rohr zu heiß ist, laufen die Vanillekipferl gern auseinander.

Ischler Krapferl
(Spitzbuben)

Nimm:

35 dag Mehl
18 dag Butter
3 Dotter
1 Päckchen Vanillezucker
8 dag Zucker
Marillenmarmelade oder rote Marmelade

Bereite schnell einen Mürbteig und lasse ihn 1/2 Stunde rasten, dann walke den Teig dünn aus, steche kleine Scheiben, aus deren Hälfte du noch mit einem Fingerhut ein Loch in der Mitte ausstechen mußt. Backe die Ischler ca. 10 Minuten bei 180 Grad und setze dann jeweils eine Scheibe und einen Ring mit der Marmelade zusammen. Die Ischler werden mit Staubzucker bestreut.

Zuckerringerl
(aus venezianischem Butterteig)

Nimm:

25 dag Mehl
25 dag Butter
4 gekochte Dotter
4 Dotter roh
Salz
2 Löffel Staubzucker

Bereite schnell einen Mürbteig, lasse ihn ruhen und walke ihn dann ca. 4 mm dick aus. Mit einem runden Krapfenausstecher steche Ringe aus, bestreiche sie mit Dotter und bestreue sie mit Hagelzucker. Backe sie schön golden bei 190 Grad ca. 12 bis 15 Minuten.

Dieses Rezept ist überliefert aus der K.u.K. Hofküche von einem venezianischen Koch namens Valtrini, der dort vor dem Jahre 1895 arbeitete.

Figaros

Nimm:

12 dag Mehl
Prise Salz
8 dag Butter
7 dag Zucker
1 Packerl Vanillezucker
3 Tropfen Bittermandelaroma
1 Dotter
25 dag Rohmarzipan
6 dag geriebene Pistazien
2 Eiklar
Orangenmarmelade

Bereite schnell einen Mürbteig und lasse ihn 1/2 Stunde im Kühlen rasten. Walke den Teig 3-4 mm dick aus und steche Scheiben vom 3 cm Durchmesser aus. Verrühre das Marzipan mit den Pistazien und dem Eiklar und fülle diese Masse in einen Spritzsack mit mittlerer Sterntülle. Spritze auf den Rand der Scheiben einen Marzipanring und gib in die Mitte ein wenig Orangenmarmelade. Backe die Figaros bei 160 Grad ca. 10 Minuten.

Venezianer

Nimm:

24 dag Rohmarzipan
3 Eiklar
5 dag geschälte, geriebene Mandeln
20 dag Zucker
abgeriebene Zitronenschale
je 1 Prise Zimt und Kardamom
Kaffeebohnen zum Verzieren

Verrühre mit der Hand alle Zutaten und dressiere kleine Häufchen auf das Blech, backe die Venezianer nur kurz bei 170 Grad. Sie sollten innen noch weich sein. Wenn du willst, tauche sie halb in Couverture oder verziere sie vor dem Backen mit einer Kaffeebohne.

Non Plus Ultra

Nimm für den Teig:
28 dag Mehl
3 Päckchen Vanillezucker
28 dag Butter
3 Dotter

Nimm für die Windmasse:
3 Eiklar
8 dag Kristallzucker

Marillenmarmelade zum Zusammensetzen

Bereite rasch einen Mürbteig und lasse ihn mindestens 1/2 Stunde im Kühlen rasten, walke ihn dann gut dünn aus, steche kleine, runde Kekse aus und lege sie aufs Blech. Schlage aus den Klar einen festen Schnee, lasse nach und nach den Kristallzucker einrieseln und schlage den Schnee fest aus. Fülle diesen in einen Dressiersack mit glatter Tülle und spritze auf jedes Keks einen Tupfen. Backe die Non Plus Ultra bei 190 Grad Unterhitze ca. 10-15 Minuten. Die Windmasse sollte nicht viel Farbe annehmen. Wenn sie ausgkühlt sind, setze je 2 Kekse zusammen, so daß eine Kugel entsteht.

Wenn das Rohr sich nicht auf Ober- oder Unterhitze heizen läßt, dann schiebe das Blech auf die unterste Schiene, damit die Windmasse nicht zu dunkel wird.

Rahmkekse

Nimm:
18 dag Mehl
12 dag Butter
8 dag sauren Rahm
Prise Salz

Groben Zucker oder Hagelzucker zum Bestreuen

Bereite schnell einen Mürbteig und lasse ihn kühl 1/2 Stunde rasten. Walke ihn nicht zu dünn aus, bestreue die Platte mit dem Zucker und drücke ihn mit dem Nudelwalker gut ein. Radle dann gefällige Kekse (Quadrate, Rhomben, Stangerl) aus und backe sie bei 220 Grad 10 Minuten lang, bis sie knusprig sind.

Weinstangerl

Nimm:
25 dag Mehl
25 dag Butter
3 EL weißer Wein
1 Dotter
Prise Salz
abgeriebene Zitronenschale

Nimm für den Guß:
1 Eiklar
10 dag Staubzucker

Bereite schnell einen Mürbteig und stelle ihn für 1/2 Stunde ins Kühle, dann walke ihn 3 mm dick aus und radle gleichmäßige Stangerl, die du am Blech mit dem Guß bestreichst und dann bei 150 Grad backst. Sie sollten eine glatte, goldgelbe Farbe haben. Für den Guß rühre das Eiklar sehr gut mit dem Zucker ab und dann streiche mit einem Pinsel die Masse auf.

Moketti

Nimm:
25 dag Mehl
1/2 Päckchen Backpulver (Weinstein!)
12 dag Butter
10 dag Staubzucker
1 Päckchen Vanillezucker
1 Ei
Nimm für die Glasur:
20 dag Staubzucker (gesiebt!)
Mocca
Schokoladenmoccabohnen zum Verzieren

Marmelade zum Zusammensetzen

Bereite schnell einen Mürbteig und lasse ihn kurz rasten, dann walke den Teig dünn aus und steche mit einem kleinen Krapfenausstecher kleine Scheiben aus (nicht mehr als 3 cm im Durchmesser). Backe die Moketti kurz bei 180 Grad, bis sie goldfarben sind, lasse sie auskühlen und setze dann je 2 mit Marmelade zusammen. Rühre die Glasur und überziehe die Moketti. In die Mitte setze eine Moccabohne.

Duchesseringe

Nimm:
25 dag Rohmarzipan
3 Dotter
3 dag Zucker
1 dag Butter
Abgeriebene Zitronenschale
Prise Nelkenpulver
Kleine Oblaten, rund
Marmelade (wegen der Optik rot oder orange)

Rühre die Zutaten zu einer dicken Masse, und spritze mit einer Sterntülle auf die Oblaten gleichmäßige, schöne Ringe. Backe sie kurz, hell bei 150 Grad und fülle ins Loch erwärmte Marmelade.

Mozartkekse

Nimm für den Teig:
25 dag Mehl
1 Ei
10 dag Zucker
10 geriebene Haselnüsse
10 dag Butter

Nimm für die Füllung:
10 dag Butter
10 dag Staubzucker
1 Vanillezucker
10 dag geriebene Nüsse

Nußkerne zum Verzieren

Bereite schnell einen Mürbteig und lasse ihn im Kühlen 1/2 Stunde rasten, walke ihn messerrückendick aus und steche kleine Scheiben aus. Schiebe die Kekse ins kalte Rohr und backe sie bei 200 Grad 10-15 Minuten hell. Inzwischen bereite die Füllung, indem du alle Zutaten gut rührst, setze dann die Scheiben mit der Creme zusammen und spritze obenauf einen Tupfen der Masse auf die du einen halben Nußkern drückst.

Diese Kekserl schmecken nicht nur sehr gut, sie sind auch eine Zierde am Confectteller.

Brabanterkrapferl

Nimm:

18 dag Mehl
1 Teelöffel Zimt
18 dag Butter
7 dag Staubzucker
1 Vanillezucker, Prise Salz
9 dag mit der Schale geriebene Mandeln
1 Dotter
Marmelade zum Füllen

Bereite einen Mürbteig wie beschrieben, lasse ihn 1/2 Stunde kühl rasten und walke ihn messerrückendick auf bemehltem Nudelbrette aus. Steche mit einem kleinen runden Ausstecher Krapferl aus, backe sie bei 200 Grad goldfarben und setze je zwei mit Marmelade zusammen. Vor dem Servieren bestreue sie gut mit Staubzucker.

Sehr hübsch schauen die Brabanter aus, wenn du auf eine runde Scheibe einen kleineren Stern statt einer zweiten Scheibe setzst; dies vor allem bei der Weihnachtsbäckerei.

Pignolikipferl

Nimm:
2 Eiklar
14 dag Zucker
14 dag geriebene Mandeln
abgeriebene Zitronenschale
25 dag Pignoli

Schlage die Eiklar zu Schnee und füge den Zucker und die Mandeln zu, und rühre einige Zeit weiter. Dann forme kleine Kipferl, die du in den Pignoli wälzst und im mäßig warmen Rohr backst, bis sie etwas Farbe angenommen haben.

Schnapskekse
(mancherorts auch Mostkekse genannt)

Nimm:

50 dag Butter
50 dag Mehl
4 EL Essig
4 EL Schnaps
5 EL Wasser
2 Dotter
Powidl zum Füllen
Staubzucker zum Wälzen

Bereite aus allen Zutaten einen glatten Teig und laß ihn in Folie gehüllt über Nacht ruhen. Am nächsten Tag walke ihn nicht zu dünn aus und steche mit einem Krapfenausstecher von ca. 5 mm Durchmesser Scheiben aus. Gib auf die Mitte ein wenig Powidl, schlage die Hälfte um und drücke die Ränder (mit einer Gabel) fest. Backe die Tascherl bei 180 Grad ca. 30 Minuten und wälze sie noch warm in Staubzucker.

In manchen Gegenden werden diese Kekse mit saurem Most und ohne Eidotter zubereitet.

Prager Stangerl

Nimm:

21 dag geriebene Mandeln
9 dag Staubzucker
2 Eiklar
1 weiteres Eiklar zum Bestreichen

Vermenge alle Zutaten gut, streiche sie nicht zu dünn auf ein mit Backpapier ausgelegtes Blech und lasse die Masse einige Stunden trocknen. Vermenge das weitere Eiklar mit Vanillezucker und bestreiche die vorher in Stangerl geschnittene Masse damit. Backe sie bei 150 Grad, d.h. lasse sie eher trocknen als backen, da die Glasur leicht springt.

Londoner Stangerl

Nimm:

21 dag Mehl
14 dag Butter
7 dag Zucker
2 Dotter
Marillenmarmelade
3 Eiklar
14 dag gemahlene Mandeln
21 dag Zucker

Bereite schnell einen Mürbteig, lasse ihn kurz im Kühlen rasten und walke ihn dünn auf einem Backblech aus. Dann bestreiche den Teig dünn mit Marillenmarmelade. Schlage einen festen Schnee aus den 3 Eiklar, lasse nach und nach den Zucker einrieseln und menge zuletzt die Mandeln darunter. Streiche diese Masse auf den Teig und backe ihn hell. Wenn er ausgekühlt ist, schneide ihn in gefällige Stangerl.

Schnee-Schokoladebusserl

Nimm:

3 Eiklar
14 dag Staubzucker
14 dag geriebene Haselnüsse
12 dag geriebene Bitterschokolade
Geschälte Haselnüsse zum Verzieren
Marmelade zum Zusammensetzen

Schlage die Eiklar zu einem festen Schnee und füge löffelweise den Zucker zu, wenn der Schnee sehr fest ist. Dann menge die Nüsse und die Schokolade dazu und forme kleine Kugerl. Die Hälfte belege mit einer Haselnuß. Backe sie bei 120 Grad 12-15 Minuten und setze dann je eine mit, eine ohne Nuß mit Marmelade zusammen.

Falls die Masse zu weich ist - das hängt von der Größe der Eiklar ab - rühre noch geriebene Haselnüsse dazu.

Velourchiffon

(Sanft wie Velour - besonders gute Schokoladebusserl)

Nimm:
14 dag Butter
28 dag Zucker
14 dag geriebene Schokolade
14 dag geriebene Mandeln oder Haselnüsse

Rühre die weiche Butter und den Zucker flaumig ab, füge dann die Schokolade und die Mandeln zu und stelle die Masse kurz kalt, damit sie fest wird. Mit bemehlten Fingern forme kleine Kugerl und backe sie im kühlen Rohr - eher trocknen als backen - oder: Wenn du sicher gehen willst, daß die Velourchiffons nicht zerlaufen, dann setze die Kugerl in kleine Papierkapseln und backe sie darin.

Dotterkipferl

(aus der Schatzkiste der k.u.k. Hofzuckerbäckerei Demel zu Wien am Kohlmarkt)

Nimm:
21 dag Butter
14 dag Staubzucker
21 dag Mehl
6 Dotter
Rohmarzipan
Rum
Couverture

Rühre die Butter mit dem Staubzucker sehr gut flaumig und gebe die Dotter nach und nach bei, zuletzt vorsichtig das Mehl unterziehen. Dressiere kleine Kipferl mit der glatten Tülle auf das Blech und backe sie bei ca. 200 Grad goldgelb. Die ausgekühlten Kipferl setze mit dem Marzipan, das du vorher mit dem Rum glatt gerührt hast, zusammen und tauche die Spitzen der Kipferl in die flüssige Couverture.

Katzenzungen

Nimm:
12 dag Eiklar
17 dag Kristallzucker
25 dag Mehl
25 dag Schlagobers
Fettglasur (Couverture)

Schlage das Obers fest, dann in einem fettfreien Kessel die Eiklar zu festem Schnee, in den du langsam den Zucker einrieseln läßt und mitschlägst, dann verrühre alle Zutaten vorsichtig. In diesem Falle ist es wichtig, daß du das Mehl in den Schnee siebst, damit keine Bröckerl entstehen. Fülle die Masse in einen Dressiersack und spritze längliche Stangerl auf das gefettete Blech, backe sie bei 180 Grad goldgelb und tunke sie, wenn sie abgekühlt sind, halbseitig in die Couverture.

Cantuccini
(Ein gut haltbares Gebäck aus der Toscana)

Nimm:
35 dag Mehl
1 TL Backpulver
18 dag Zucker
17 dag ganze ungeschälte Mandeln
2 dag Butter
2 Eier
2 Päckchen Vanillezucker
1 Bittermandel gemahlen

Verknete alle Zutaten gut und forme 4 Striezerl, bestreiche sie mit Eiklar und backe sie bei 200 Grad 1/4 Stunde, schneide sie in Scheiben und backe diese wiederum 1/4 Stunde.

In der Toscana werden Cantuccini in Vino Santo getunkt und dann gegessen. Sie schmecken auch gut zu Café.

HAUSFREUNDE
(EINE ÖSTERREICHISCHE VARIATION DER CANTUCCINI)

Nimm:

30 dag Mehl
20 dag Zucker
20 dag Mandeln
20 dag Rosinen
5 dag Pignoli
10 dag kandierte Früchte
4 ganze Eier
3/4 Packerl Backpulver

Mische alle trockenen Zutaten gut und füge die Eier hinzu, verknete die Masse gut, ohne Flüssigkeit zuzugeben. Streiche die Masse auf ein Blech, backe sie bei 180 Grad ca. 15 Minuten und schneide sie noch warm in Streifen.

BENIAMINI
(GEFÜLLTE DOTTERGLASURWÜRFEL)

Nimm für den Teig:
35 dag Mehl
28 dag Butter
17 dag Zucker
5 Dotter
Abgeriebene Zitronenschale
1 Vanillezucker, Prise Salz

Nimm für die Glasur:
2 Dotter
20 dag Staubzucker
2 EL Zitronensaft

Zum Füllen Marmelade nach Geschmack

Bereite schnell einen Mürbteig und lasse ihn 1/2 Stunde kalt rasten, dann walke ihn messerrückendick auf dem Blech aus und backe ihn bei ca. 170 Grad 12 bis 15 Minuten. Teile die Platte in zwei Teile und bestreiche den einen mit Marmelade, hebe dann vorsichtig den zweiten Teil darauf und glasiere diesen. Schneide die Beniamini in kleine, gleichmäßige Würfel, wenn die Glasur noch halbflüssig ist, damit sie nicht springt.

Friedelinchen

(Snickerdoodles - eine amerikanische, originelle Bäckerei, leicht zu zubereiten)

Nimm:

35 dag Rosinen
1/8 l Whisky
6 dag Butter
10 dag braunen Zucker
2 Eier
18 dag Mehl
1/2 Päckchen Backpulver
je 1 1/2 TL Zimt, Nelkenpulver, Muskatnuß gerieben
40 dag ganze Nüsse
40 dag kandierte, halbierte Kirschen

Lasse die Rosinen im Whisky einige Stunden quellen, dann mische alle Zutaten zusammen und forme auf dem Backpapier kleine Häufchen, die du 20 Minuten bei ca. 180 Grad backst.

Kaiserliche Maultaschen

(aus der K.u.K. Hofküche)

Nimm:

1 Dotter
14 dag Mehl
14 dag Butter
2 EL Zucker
2 EL Weißwein
Marmelade zum Füllen
Ei zum Besteichen
Hagelzucker zum Bestreuen

Bereite aus den Zutaten schnell einen Mürbteig und lasse ihn wie üblich 1/2 Stunde im Kühlen rasten, walke ihn dann messerrückendick aus und teile ihn mit dem Radl in gefällige Quadrate. Gebe in die Mitte ein Löfferl Marmelade und schlage zwei gegenüberliegende Zipfel gegen die Mitte zusammen. Bestreiche sie mit Ei und bestreue sie mit Hagelzucker, backe sie dann schön hellgelb bei 200 Grad ca. 10 Minuten.

Sizilianische Mandelbusserl
(Pasta di Mandorle)

Nimm:

60 dag geschälte Mandeln
40 dag Zucker
2 Eier
Schale von 4 Zitronen
1 Gläschen Vermouth Martini bianco
Kaffeebohnen zum Verzieren

Mahle (am besten in einer Mandelmühle oder Fleischmaschine) die Mandeln mit der Zitronenschale, dann füge den Zucker zu und mahle alles zusammen nochmals allerfeinst, zuletzt rühre die Eier und den Vermouth unter. Mach mit einer großen zackigen Tülle (oder mit einem Löfferl) kleine Häufchen und gebe eine Bohne darauf und backe die Busserl bei 200 Grad kurz. Achte darauf, daß sie nicht verbrennen.

Obauers's Mandelbögen

Nimm:
15 dag gehobelte Mandeln
15 dag Zucker
3 dag glattes Mehl
1/4 l Eiklar
12 dag zerlassene Butter

Rühre alle Zutaten zusammen und streiche mit einem Löffel oder einer Palette hauchdünne, relativ große Kreise auf ein mit Backpapier ausgelegtes Blech und backe diese bei 190-200 Grad schön knusprig. Löse sie noch heiß ab und biege sie über einem Nudelwalker oder einer anderen Rolle. Lasse sie dort erkalten, bis sie hart sind.

Die Gebrüder Obauer aus Werfen im Pongau sind mit 4 Hauben prämierte Köche.

Mandelorangenspitzen

Nimm:

11 dag Zucker
60 ml Orangensaft
3 dag Mehl
6 dag abgezogene, gemahlene Mandeln
6 dag zerlassene Butter
abgeriebene Orangenschale

Löse den Zucker im Orangensaft vollständig auf und menge die restlichen Zutaten darunter. Gib mit einem Löffel kleine Häufchen der Masse auf ein mit Backpapier ausgelegtes Backblech und verstreiche sie zu ganz dünnen, kleinen Kreisen. Backe sie ca. 4 Minuten bei 190 Grad, bis sie knusprig sind und löse sie dann noch warm vom Blech, wenn du sie biegen möchtest, wenn du sie platt willst, dann kannst du sie auch kalt vom Blech entfernen.

Diese dünnen Blättchen, die feine Löcher wie Spitzen haben, mußt du in einer gut verschlossenen Blechdose aufbewahren, weil sie hydrophil sind, d.h. sie nehmen leicht Feuchtigkeit auf, wodurch sie schnell weich werden.

Nußbusserl

Nimm:

1/2 kg geriebene Walnüsse
1/2 kg Kristallzucker
7 Eiklar (ca. 24 dag)
1 Päckchen Vanillezucker
Prise Salz
Prise Zimt
abgeriebene Zitronenschale

Verrühre alle Zutaten in einem Schneekessel und erhitze die Masse über Wasserdampf auf 80 Grad, rühre häufig um und lasse die Masse abkühlen. Dressiere kleine Busserl mit dem Spritzsack auf Backpapier oder Oblaten und lasse diese 1 Stunde im warmen Zimmer trocknen. Dann schiebe sie ins Rohr und backe sie bei eingehängter Tür ca. 15-20 Minuten bei 160 Grad. Verziere evtl. die Busserl vor dem Backen mit einer Haselnuß.

Schneeflocken

Nimm:
25 dag Butter
10 dag Staubzucker
12 dag Mehl
15 dag Maizena oder anderes Stärkemehl

Rühre die Butter gut flaumig und rühre die restlichen Zutaten unter. Lasse den Teig 3/4 Stunde rasten und forme dann kleine Kugerl, kirschgroß, die du mit einer Gabel flachdrückst (es entstehen regelmäßige Rillen, die das Merkmal dieses Gebäcks sind) und bei 175 Grad 12-15 Minuten backst. Sie sollen ganz hell bleiben.

Wie bei allen Bäckereien, aber hier besonders, ist es wichtig, daß die Butter ganz frisch und der Buttergeschmack erstklassig ist.

Alt-Wiener Nußbäckerei

Nimm für die Schneemasse:
5 Eiklar
15 dag Staubzucker
Geruchzucker (1 Päckchen Vanillezucker)
20 dag geriebene Nüsse

Nimm für den Belag:
10 dag weiche Butter
15 dag Staubzucker
15 dag erweichte Schokolade

Schlage in einem fettfreien Schneekessel die Eiklar zu einem festen Schnee, lasse langsam den Zucker einrieseln und schlage noch etwas weiter. Hebe die Nüsse unter den Schnee, streiche die Masse auf ein gut befettetes Blech und lasse sie bei 175 Grad ca. 25 Minuten backen.

In der Zwischenzeit rühre die Butter mit dem Zucker gut schaumig und füge die zerlassene Schokolade bei. Streiche diese Masse auf den halbgebackenen Boden gleichmäßig auf und backe es nochmals 20 Minuten bis sich eine Haut gebildet hat. Der Belag soll aber noch weich bleiben. Erst wenn die Bäckerei kalt ist, schneide sie in gefällige gleichmäßige Stangerl.

Dies ist ein Rezept zur Eiweißverwertung!
Es ist auch möglich, daß du statt der Nüsse geriebene Mandeln verwendest, allerdings ergibt dies einen völlig anderen - aber auch sehr guten - Geschmack.

Schokoladenstangerl

Nimm für Rezept 1:
18 dag Butter
4 dag Staubzucker
20 dag Mehl
1 Päckchen Vanillezucker
2 Dotter
12 dag erweichte Kochschokolade

Nimm für Rezept 2:
25 dag Butter
15 dag Staubzucker
1 Päckchen Vanillezucker
5 Dotter
30 dag Mehl
2 KL Kakao

Marmelade zum Zusammensetzen
eventuell Couverture zum Tunken

Rühre die Butter mit dem Zucker und den Dottern flaumig und menge die Schokolade bzw. der Kakao unter. Zuletzt rühre leicht das Mehl ein. Fülle die Masse in einen Dressiersack und spritze entweder gleich große Stangerl oder Busserl auf ein mit Backpapier ausgelegtes Blech. Backe dies anschließend bei 170 Grad ca. 10 Minuten. Wenn die Stangerl ausgekühlt sind, setze je zwei mit Marmelade zusammen und tauche evtl. eine Spitze in warme Couverture.

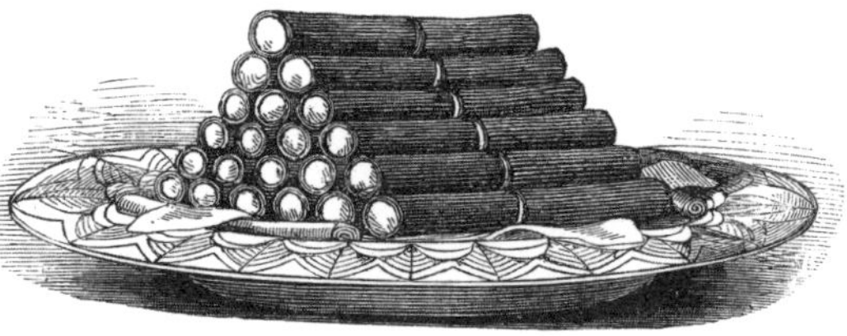

Klosterkipferl

Nimm:
15 dag weiche Butter
15 dag geriebene Schokolade
21 dag Staubzucker
21 dag geriebene Mandeln (evtl. abgezogen)
Couverture zum Überziehen

Rühre die Butter mit dem Zucker flaumig und füge dann die Schokolade und die Mandeln hinzu, stelle die Masse für eine 1/2 Stunde ins Kühle und forme dann - wie bei Vanillekipferln - kleine, gefällige Kipferl. Backe diese im halbgeöffneten Rohr bei 150 Grad 20-25 Minuten und tauche sie, wenn sie erkaltet sind, in die Couvertüre. Zur Dekoration kannst du sie auch mit geriebenen Mandeln oder mit Hagelzucker bestreuen.

Tokayer Halbmonde

Nimm:
24 dag Mehl
14 dag Butter
9 dag Staubzucker
2 Dotter
abgeriebene Zitronenschale

Nimm für die Glasur:
2 Eiklar
20-25 dag Staubzucker
Marmelade zum Zusammensetzen

Bereite schnell einen Mürbteig und lasse ihn eine halbe Stunde im Kühlen rasten, walke ihn dann messerrückendick aus, bestreiche ihn mit der Glasur und steche mit einem Krapfenausstecher Halbmonde aus. Backe die Monde ca. 15 Minuten bei 180 Grad und setze je zwei, wenn sie ausgekühlt sind, mit Marmelade zusammen.

Rosinenkekserl

Nimm:

25 dag Butter
25 dag Zucker
25 dag Mehl
6 Eiklar
Vanillemark

Rosinen - evtl. durch geriebene Mandeln ersetzen oder mit Anis bestreuen

Rühre die Butter und den Zucker schaumig, schlage die Eiklar zu Schnee und füge den festen Schnee dazu. Zuletzt ziehe vorsichtig das gesiebte Mehl unter. Fülle die Masse in einen Dressiersack und spritze kleine Häufchen auf das gefettete Blech. Lasse immer einen Abstand, da die Kekse auseinanderfließen. Belege die Häufchen mit 3 Rosinen. Backe die Kekse bei 190 Grad ca. 7-10 Minuten, bis sie einen dunklen Rand bekommen und knusprig sind.

Man kann diese Kekse auch mit Anis bestreuen und die Rosinen weglassen.

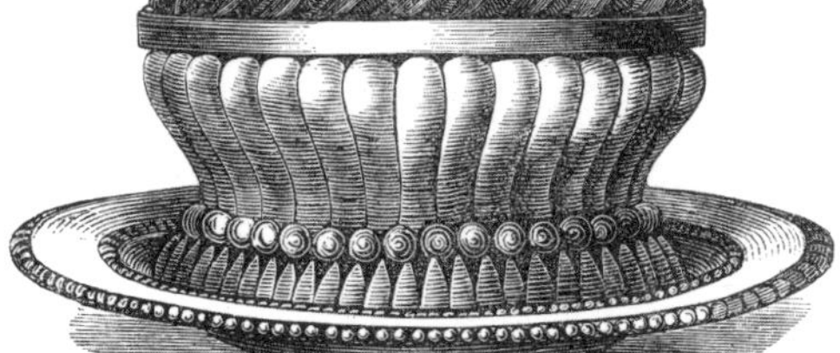

Merengue
(Baiser, Spanischer Wind)

Nimm:
6 Eiklar
21 dag Kristallzucker
21 dag Staubzucker

Schlage die Eiklar zu Schnee, gib nach und nach den Kristallzucker dazu und schlage den Schnee aus. Rühre mit dem Kochlöffel den Staubzucker vorsichtig ein. Fülle die Masse in einen Dressiersack, spritze die gewünschten Formen (Ringe, Busserl) auf ein Trennpapier und ziehe dieses vorsichtig auf ein erhitztes Backblech. Den spanischen Wind trockne ihn bei 60-80 Grad bei eingehängter Backrohrtüre etliche Stunden.

Windbäckerei in kleinen Busserln eignen sich auch sehr gut als Dekoration auf Torten oder Cremen. In gut verschlossenen Dosen halten sie sich sehr lange.

Caramelwindbäckerei
(Eine Variation)

Nimm:
4 Eiklar
16 dag braunen Zucker (Wiener Backzucker)

Schlage mit der Hälfte des Zuckers die Eiklar zu einem festen Schnee und gib dann erst die zweite Hälfte dazu. Spritze die gewünschten Formen auf ein mit Backpapier ausgelegtes Blech, schiebe die Windbäckerei in das sehr heiße Rohr und schließe sofort das Rohr. Wenn die Bäckerei hellbraun ist, dann ist sie fertig. Durch die starke Hitze nimmt der Backzucker einen leichten Caramelgeschmack an.

Eigelbhiatalen
(Dotterbusserl)

Nimm:
5 Dotter
35 dag Staubzucker
Vanille

Rühre die Dotter mit dem Zucker und dem Aromat recht schaumig und spritze kleine, gleichmäßige Häuferl mit dem Dressiersack auf Backpapier. Backe die Hiatalen 10 Minuten lang bei 150 Grad.

Diese kleinen, gelben Busserl sind ein Farbtupfen auf dem Keksteller und dienen auch als Verzierung auf einer Torte oder auf dunklen Schokoladenschnitten. Wenn du sie größer spritzt, kannst du sie auch mit buntem Zucker bestreuen und dann je zwei mit Eiklar zusammengeklebt als Christbaumschmuck (wie Windbäckerei) verwenden. Dann vergiß aber nicht, einen langen Faden zum Aufhängen mit einzukleben.

Nußschaumbiskotten

Nimm:
20 dag Eiklar
44 dag Kristallzucker
28 dag geriebene Walnüsse
6 dag Mehl
Zimt
Marmelade zum Zusammensetzen

Schlage aus den Eiklar einen festen Schnee, lasse nach und nach den Zucker einrieseln und schlage weiter, bis der Schnee schnittfest ist. Dann menge locker die restlichen Zutaten unter und spritze mit glatter Tülle mit dem Dressiersack gefällige Biskotten auf das Blech und backe sie bei 190 Grad bis sie knusprig sind. Ausgekühlt setze je zwei mit Marmelade zusammen.

2. Kapitel
Allerley Schnitten zum Café und Thee

Rigo Jancsi
(Die echten ungarischen Schokoladewürfel)

Nimm für die Füllung - Pariser Creme:
28 dag halbbittere Kuvertüre
25 dag Obers
4 Eßlöffel Rum

Nimm für den Teig:
4 Eier
9 dag Edelbitter Schokolade
19 dag weiche Butter
8 dag Zucker, Prise Salz
6 dag Mehl

Nimm für die Sacherglasur:
20 dag halbbittere Kuvertüre
15 dag Zucker
80 ml Wasser

Zerkleinere die Schokolade und löse sie langsam im Obers bei linder Temperatur unter gutem Rühren auf und stelle die Füllung kalt.

Für den Teig rühre Butter, Dotter, Zucker schaumig und schlage die Eiklar zu festem Schnee. Rühre die zerlassene Schokolade vorsichtig unter die Butter-Dotter Mischung und hebe dann den Schnee und das Mehl locker unter. Streiche die Masse auf ein mit Backpapier ausgelegtes Blech und backe die Masse bei 175 Grad langsam.

Wenn die Masse ausgekühlt ist, stürze sie auf ein Brett, schneide sie in zwei gleiche Teile und bestreiche einen Teil mit der Pariser Creme, lege den zweiten Teil darüber und stelle sie kalt. Inzwischen bereite die Glasur und glasiere dann die Teigplatte. Erst wenn die Glasur fest ist, schneide sie mit einem scharfen Messer in gefällige Würfel. Für den glatten Schnitt tauche das Messer immer wieder in heißes Wasser.

Für die Glasur koche das Wasser mit dem Zucker und der zerkleinerten Schokolade auf und rühre gut um. Lasse die Glasur kurz abkühlen und gieße sie dann auf die Rigo Jancsi Platte, ohne diese mit einem Spatel glatt zu streichen.

Diese Glasur à la Sacher eignet sich auch sehr gut für Torten!

Glasierte Gewürzschnitten

Nimm:

21 dag Butter
21 dag Staubzucker
1 Packerl Vanillezucker
5 Eier
1/2 Kaffeelöffel Zimt
1/2 Kaffeelöffel Nelkenpulver
21 dag geriebene Mandeln
21 dag geriebene Schokolade

Schokoladenglasur (15 dag Schokolade, 15 dag Butter, Rum)
Nußhälften zum Verzieren

Rühre die Butter mit dem Zucker und den Eiern gut ab und füge die restlichen Zutaten zu. Streiche den Teig 1 cm dick auf ein gut gefettetes und mit Brösel bestreutes Blech und lasse ihn bei guter Mittelhitze (ca. 180 Grad) 15-20 Minuten backen. Schneide das erkaltete Gebäck in gefällige Quadrate oder längliche Schnitten und überziehe diese mit Schokoladenglasur, gib in die Mitte eine Nußhälfte, wenn vorhanden.

Schokoladenglasur: Lasse im Wasserbad die Schokolade und die Butter schmelzen und rühre sie gut ab. Zuletzt füge den Rum bei.

Brüsseler Schnitten

Nimm:

15 dag Butter
15 dag Zucker
1 Packerl Vanillezucker
4 Dotter
5 dag Mehl
1 gestrichener Kaffeelöffel Backpulver

15 dag geriebene Haselnüsse
4 Eiklar Schnee

Marmelade (Ribisel, Himbeer)
Zitronenglasur (Staubzucker, Zitronensaft)

Rühre die Butter mit dem Zucker und den Dottern schaumig und ziehe vorsichtig das mit dem Backpulver vermischte Mehl unter, füge die Nüsse dazu und hebe vorsichtig den Schnee unter die Masse. Streiche den Teig auf ein mit Backpapier ausgelegtes Blech und backe ihn bei 180 Grad ca. 25-30 Minuten.

Lasse den Teig auskühlen, schneide ihn in zwei gleiche Teile und bestreiche eine Platte mit der Marmelade, lege die zweite Platte darauf und glasiere die Schnitten mit Zitronenglasur. Schneide gefällige Quadrate oder Schnitten und gib in die Mitte eine halbe Nuß.

Ungarische Nußschnitten

Nimm für den Teig:
20 dag Mehl
1/2 Kaffeelöffel Backpulver
14 dag Butter
14 dag Staubzucker
3 Dotter
1 Päckchen Vanillezucker
1 Messerspitze Zimt
Marmelade zum Bestreichen

Nimm für den Belag:
3 Eiklar
20 dag Zucker
20 dag grob geriebene Nüsse

Bereite schnell einen Mürbteig, lasse ihn im Kühlen 1/2 Stunde rasten, walke ihn dann auf dem Blech dünn aus und backe ihn bei 180 Grad 10 Minuten lang. Inzwischen schlage die Eiklar zu festem Schnee und schlage den Zucker mit. Dann hebe vorsichtig die Nüsse unter und bestreiche damit den halbgebackenen Teig, lasse ihn nochmals 30 Minuten bei 130 Grad fertig backen und schneide noch warm kleine gefällige Quadrate oder Schnitten.

Napoleon Schnitten

Nimm:
14 dag Butter
12 dag Zucker
4 Dotter
2 Rippen erweichte Kochschokolade
14 dag geriebene Mandeln
4 Eiklar Schnee
8 dag Mehl

Nimm für die Glasur
15 dag Zucker
Saft einer Zitrone
2 EL Rum

Rühre die Butter mit dem Zucker und den Dottern flaumig, füge die Schokolade zu und dann die Mandeln, zuletzt den Schnee und das gesiebte Mehl. Streiche die Masse auf ein gut befettetes Blech und backe sie 15 Minuten bei ca. 180 Grad. Nadelprobe! Noch warm bestreiche die Schnitten mit der Glasur und schneide sie dann in nicht zu große Quadrate oder Rechtecke.

Beethovens Lieblingsspeise

Nimm:
25 dag Butter, die zerlassen wurde und wieder erstarrt ist
25 dag Zucker
2 ganze Eier
25 dag Mehl
abgeriebene Zitronenschale
Dotter zum Bestreichen
10 dag gehackte Mandeln zum Bestreuen

Rühre die Butter mit dem Zucker und den Eiern flaumig, füge das Mehl hinzu und rühre den Teig so lange bis er Blasen wirft. Streiche die Masse auf ein befettetes Blech und bestreiche sie mit geklopftem Dotter und streue Mandeln und groben Zucker darauf. Backe Beethovens Lieblingsspeise im mäßig heißen Rohr (180 Grad) goldgelb und schneide sie noch warm in gefällige Vierecke.

Rummonde

Nimm:
10 dag Butter
3 Eier
10 dag Zucker
7 dag geriebene Nüsse
7 dag zerlassene Schokolade
8 dag Mehl
1 MS Backpulver

Nimm für die Glasur:
15 dag Staubzucker
4 EL Rum

Treibe die Butter mit den Dottern und dem Zucker gut ab und füge die anderen Zutaten bei. Ziehe vorsichtig den Schnee unter die Masse und streiche diese ca. 1 cm dick auf ein gut befettetes und bemehltes Blech. Backe ca. 15 Minuten bei ca. 180 Grad und gib noch auf die heiße Mehlspeise die Glasur. Wenn das Gebäck erkaltet ist, steche mit einem Krapfenausstecher Halbmonde aus.

Ein sehr gutes Jausengebäck, welches sich einige Tage frisch hält. Auch eine andere Form als die der Halbmonde, die den Vorteil hat, daß keine Abfälle entstehen, ist natürlich möglich.

3. Kapitel
Confect zum Naschen

Mon amour
(Marzipannuß Confect)

Nimm:

14 dag Haselnüsse
21 dag Staubzucker
2 Packerl Vanillezucker
1 dag zerlassene Butter
14 dag Rohmarzipan
1 Dotter
2 TL Cognac
3 EL starken Mocca
Staubzucker zum Wälzen

Röste die ganzen Haselnüsse bei 200 Grad ca. 10 Minuten im Rohr, lasse sie auskühlen und reble sie auf einem Geschirrtuch ab, so daß so wenig Schalen wie möglich auf den Nüssen bleiben. Mahle die Haselnüsse feinst und mische dann alle anderen Zutaten darunter, und knete sie gut ab, so lange bis eine homogene Masse entsteht. Dies läßt sich mit den Knethaken in der Küchenmaschine sehr gut machen. Lasse die Masse dann über Nacht oder wenigstens einige Stunden rasten, forme dann gefällige Kugerl und wälze sie gut im Staubzucker. Wenn du willst, kannst du sie auch mit einer Schokoladenkaffeebohne verzieren und in ein Papierförmchen legen.

Confect Marinissima

Nimm :
40 dag Rohmarzipan
5 dag Staubzucker
1 Päckchen Vanillezucker
abgeriebene Zitronenschale
Prise Salz
3 Eier
6 Dotter
6 dag Mehl
12 dag zerlassene Butter
10 dag Aranzini feinst gehackt
Marillenmarmelade

Nimm für die Glasur:
10 dag Staubzucker
Cointreau

Rühre alle Zutaten, ausgenommen Mehl und Butter, zu einer glatten Masse und füge zuletzt das Mehl und die heiße Butter zu. Streiche die Masse auf ein flaches Blech 1 1/2 cm dick und backe sie ca. 20 Minuten bei 160 Grad. Nach dem Auskühlen schneide die Masse durch und fülle sie mit Marillenmarmelade, die mit den Aranzini vermischt wurde. Für die Glasur rühre 10 dag Staubzucker mit 1 Eßlöffel Cointrau gut ab. Beeise das Confect mit einer Cointreauglasur und schneide gefällige kleine Würfel, die Du dann in Papierkapsel gibst.

Orangenmarzipanwürfel St. Martin

Nimm:

30 dag Rohmarzipan
2 Eßlöffel feinst gehackte Aranzini
10 dag Staubzucker
4 Eßlöffel Grand Manier oder Cointreau
Orangenmarmelade
Dunkle Tunkmasse zum Verzieren

Wirke alle Zutaten gut zusammen und walke zwischen gezuckerter Plastikfolie die Masse 1 cm dick gleichmäßig auf ein Rechteck aus. Streiche auf die Hälfte die gut durchgerührte Orangenmarmelade und klappe den zweiten Teil darüber. Schneide kleine, gefällige Würfel und verziere diese mit einem großen M aus Couverture.

Die St. Martinswürfel kannst du geschmacklich variieren: nimm statt Aranzini Citronat und Limoncello statt Grand Manier und zum Füllen Zitronenmarmelade.

Schwester Kunigundens Schokoladekugerl

Nimm:

18 dag geriebene, Schokolade
18 dag geschälte, geriebene Mandeln
18 dag Zucker
1 Löffel Marillenmarmelade
1 Eiklar
Eingelegte Weichseln
Kristallzucker oder geriebene Schokolade zum Wälzen

Vermenge alle Zutaten außer den Weichseln und mische sie gut ab, forme dann hübsche Kugerl, in deren Mitte du eine Weichsel gegeben hast und wälze sie in Kristallzucker oder geriebener Schokolade. Lasse sie einige Tage trocknen.

Cafénußmarzipankipferl
(Confect in ungewöhnlicher Form)

Nimm:
20 dag geriebene Nüsse
20 Staubzucker
3 Eßlöffel Espresso
Tunkmasse weiß oder schwarz

Vermische gut die Zutaten, mache eine ca. 3 cm dicke Rolle, von der du gleichmäßige Scheiben schneidest und dann Kipferl formst. Tauche diese halb oder ganz in die warme Schokolade und lasse sie trocknen. Du kannst selbstverständlich diese Masse auch in Kugerlform bringen und in Papierförmchen servieren, evtl. mit einer Nuß oder mit buntem Zuckerstreusel verzieren.

Die Kipferl sehen hübsch aus, wenn man sie halb dunkel halb hell tunkt.

Marzipannuß Confect Graf Pálffy

Nimm:
30 dag Rohmarzipan
7 dag Staubzucker
4 Eßlöffel Rum
10 dag feingehackte Nüsse
Weiße und dunkle Tunkmasse

Vermenge gut alle Zutaten und walke die Masse zwischen 2 gut gezuckerten Plastikfolien 1 1/2 cm dick aus. Mit einem kleinen Ausstecher entweder runde Krapferl oder Herzerl ausstechen und in die Schokolade tunken. Evtl. hübsch mit feinem Strich verzieren.

Capezzoli di Venere
(Whisky Confect)

Nimm:

20 dag Rohmarzipan
10 dag geriebene Bitterschokolade
1 Eßlöffel Mocca oder Türkischer Café
3 Eßlöffel besten Whisky
Weiße und rosa Tunkmasse zum Überziehen
Schokolademoccabohnen

Vermische sehr gut alle Zutaten und forme gleichmäßige nicht zu große Kugerl; tauche diese mit einer Tunkgabel in die flüssige Schokolade und drücke in die Mitte eine Schokoladenmoccabohne.

Die fertigen Capezzoli di Venere setzt man in eine Papierkapsel. Dies gibt im allgemeinen für alle Confect Sorten.

Schokoladetrüffel

Nimm:

10 dag Butter
20 dag erweichte Kochschokolade
2 Kaffeelöfferl Kakao
10 dag Staubzucker
2 Päckchen Vanillezucker
2 Kaffeelöfferl Rum
2 Dotter
Schokoladestreusel zum Wälzen

Rühre gut alle Zutaten zusammen ab und lasse die Masse ein wenig im Kühlen anziehen. Forme dann schnell Trüffel und wälze sie im Schokoladenstreusel und lasse sie einige Tage trocknen.

Diese Trüffel sollten nicht lange lagern, sie schmecken frisch am besten, auch verderben sie wegen der rohen Dotter leichter als anderes Confect. Die Schokoladentrüffel sind ein echtes Winter Confect, sie müssen im Kühlen gearbeitet werden, daher rate ich, sie nicht im Sommer zu bereiten.

Aranzini Confect

Nimm:
15 dag Aranzini
15 dag geriebene Nüsse
15 dag Wiener Staubzucker
1 Eiklar
Helle Couverture zum Tunken

Faschiere oder schneide im Mixer die Aranzini ganz fein und arbeite sie mit den restlichen Zutaten fest zusammen, forme kleinfingerdicke Stangerl von 3 cm Länge und tunke diese in die warme Couverture. Lasse sie gut trocknen.

Apfel Confect

Nimm:

1/2 kg Zucker
feinst abgeriebene Zitronenschale
2/10 l Wasser
1/2 kg geschälte, feinst gehackte säuerliche Äpfel
7 dag grob gehackte Mandeln
4 dag gehackte Aranzini oder Zitronat
Grobgehackte Mandeln zum Wälzen

Koche den Zucker mit der Zitronenschale im Wasser bis vom Löffel ein Tropfen mit Faden langsam hinuntertropft. Dann gib die restlichen Zutaten hinein und koche es so lange bis ein dicker Brei entsteht. Lasse ihn auskühlen und forme kleine Kugerl und wälze sie in den gehackten Mandeln.

Je nach Geschmack nimm Aranzini oder Zitronat, auf jeden Fall nicht zu viel, weil sonst dieses außergewöhnliche Confect zu penetrant nach den Kanditen schmeckt.

Frucht Confect

Nimm:

20 dag getrocknete, faschierte Feigen
20 dag faschierte Datteln
16 dag grob gehackte Nüsse
12 dag faschierte Dörrzwetschken
8 dag Rosinen
6 dag kleingeschnittene Aranzini
10 ml Cointreau
Rum für die Hände zum Formen der Kugerl
Couverture oder Zitronenglasur

Vermische alle Zutaten sehr gut und forme kleine Kugerln mit in Rum befeuchteten Händen. Lasse die Kugerl über Nacht trocknen und tauche sie am nächsten Tag in dunkle Couverture oder überziehe sie mit Zitronenglasur. Für die Zitronenglasur verrühre den Saft 2-3 Zitronen mit so viel Staubzucker bis ein dicker Brei entstanden ist.

Kastanien Confect

Nimm:

10 dag feinen Kristallzucker
etwas Wasser
20 dag geschälte, gekochte Maroni oder Maronireis
1 Löffel Rum
Schokoladenglasur zum Tunken

Koche den Zucker mit wenig Wasser bis zum Spinnen. Verknete die durch ein Haarsieb fein passierten Maroni mit dem Rum zu einem Teig und forme daraus hübsche Kugerl, die du in die warme Schokoladenglasur tauchst und dann auf Staniol trocknen läßt.

Kastanienconfect soll immer kühl aufbewahrt werden, am besten im Eiskasten.

Mocca Caramellen

Nimm:

3/4 l Schlagobers
1/4 l Milch
Prise Salz
50 dag Kristallzucker
30 dag Staubzucker
1 Vanillezucker
1 TL Natron
0,2 l starken Mocca
8 dag Butter

Bringe das Obers und die Milch zum Kochen und rühre den Zucker und alle anderen Zutaten außer Mocca und Butter ein und lasse alles leise gut eine halbe Stunde köcheln. Dann füge den Mocca und die Butter zu und lasse es weiter mindestens 1 Stunde köcheln. Rühre öfters gut um. Die Masse muß dickflüssig bis zäh sein und beim Köcheln Blasen machen, dann ist sie fertig. Gieße sie in eine mit Backpapier gut ausgelegte viereckige Strudelrein, so daß sie 2 cm hoch ist und lasse sie im Kühlen fest werden. Dann schneide sie in gefällige Würfel.

Variation: Die Caramellen kannst du auch ohne Mocca mit einer anderen Geschmacksrichtung zubereiten, aber achte darauf, daß dann weniger Flüssigkeit zu verdampfen ist und sich die Kochzeit verringert.

Hübsch sehen die Caramellen auch aus, wenn du kleine Papierförmchen damit füllst und obenauf eine echte Kaffeebohne zur Verzierung gibst. Mit Staubzucker oder mit geriebenen Mandeln bestreut, bringen sie auf dem Confectteller eine optische Abwechslung.

Grillage Confect

Nimm:

1/4 kg Zucker
1/4 kg gemahlene geröstete Haselnüsse
1/4 kg Butter
21 dag Staubzucker
6 Dotter
Viereckige Karlsbader Waffeln
1 Eißweiß zum Bestreichen
evtl. Schokoladekuverture

Karamelisiere in einer geruchlosen weiten Pfanne den Zucker, gib die gemahlenen Haselnüsse dazu und röste weiter bis die Masse eine dunkle Kaffeefarbe angenommen hat und lasse sie dann in der Pfanne auskühlen. Mahle die Masse fein, wenn sie ausgekühlt ist. Dann erhältst du Krokantmasse. In einem Messingschneekessel schlage über Dunst die Butter, den Staubzucker und die Dotter so lange, bis du eine schöne dicke Creme erhältst. Dann mische schnell die Krokantmasse darunter und lasse alles abkühlen.

Bestreiche eine viereckige Karlsbader Waffel mit einem Teil der Masse, lege eine weitere Waffel, die du auf der glatten Seite mit Eiklar bestrichen hast, darauf, und bestreiche sie wieder mit einem Teil der Krokantmasse. Decke sie mit einer weiteren, mit Eiweiß bestrichenen, Waffel ab. Beschwere die Mehlspeise mit einem geruchlosen Küchenbrett und lasse sie über Nacht trocknen. Am nächsten Tag schneide die Grillage in gefällige kleine Würfel und verziere sie je nach Geschmack mit dunkler oder heller Schokolade. Auch ohne Schokolade, nur mit Staubzucker bestreut, schmeckt das Confect sehr gut.

Diese Grillage Schnitten waren zu Weihnachten in der Batschka ein Muß. Wegen des hohen Butteranteils und der Dotter ist es gut, wenn du das in einer gut verschlossenen Blechdose aufbewahrte Confect in den Eiskasten stellst.

SCHOKOLADENMANDELSPLITTER

Nimm:
20 dag geschälte Mandelstifte
40 dag Vollmilch Couverture oder halbbittere
10 dag Butter

Röste die Mandeln in ein wenig Butter und lasse sie auskühlen. Lasse die Schokolade und die Butter im Wasserbad schmelzen und mische dann die Mandeln darunter, so daß alle gut mit Schokolade überzogen sind. Forme mit einem kleinen Löffel Busserln und lasse sie auf Staniol im Kühlen trocknen.

Variation: Ersetze einen Teil der Mandeln durch Rosinen, die du vorher in Rum getränkt hast. Falls du weiße Schokolade nehmen möchtest, mußt du sehr schnell arbeiten, weil diese sofort wegen sehr hohen Zuckeranteils hart wird.

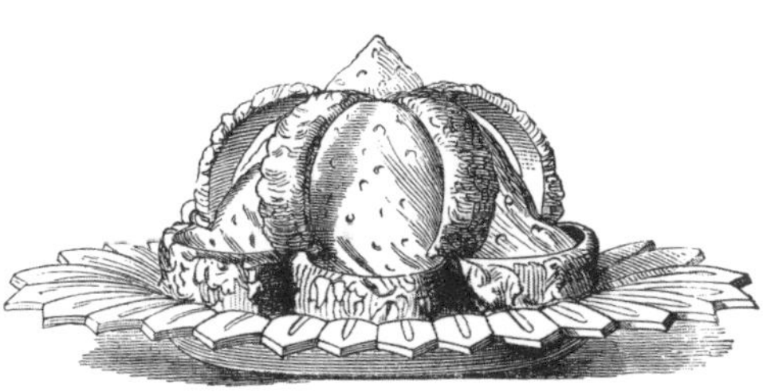

4. Kapitel
Für Advent und Weihnachten

Einfache Lebkuchen zum Ausstechen

Nimm für Rezept 1:

50 dag Roggenmehl
50 dag Rohzucker ,nicht Rohrzucker
2 EL Honig
1/2 KL Natron
je 1/2 dag Zimt und Nelkenpulver
4 ganze Eier

Mache den Honig warm und mische alle Zutaten zu einem weichen Teig, den du mindestens eine Nacht in Plastikfolie gewickelt, rasten läßt. Am nächsten Tag walke den Teig nicht zu dünn aus und steche ihn in verschiedenen Formen aus. Backe die Lebkuchen bei 160 Grad ca. 7-10 Minuten.

Nimm für Rezept 2:

60 dag Roggenmehl
2 TL Natron
25 dag Staubzucker
1 Päckchen Lebkuchengewürz
oder: 2 TL Zimt,1/2 TL Nelkenpulver, etwas Kardamom
5 ganze Eier
16 dag Honig

Mische das Mehl mit dem Natron und den Gewürzen, dann füge die Eier dazu und zuletzt den warm gemachten Honig und verarbeite die Masse zu einem glatten Teig. Lasse ihn stehen, am besten über Nacht, bis er fest wird, dann walke ihn 1/2 cm dick aus, steche die gewünschten Formen aus, bestreiche sie mit Eiklar und backe sie bei ca. 180 Grad 10 Minuten.

Dieser Teig geht sehr auf und eignet sich daher eher für größere Formen, wie z.B. Herz und Sterne, die mit Spritzglasur verziert und dann für Christbaum oder Tischschmuck verwendet werden können. Sie schmecken aber auch sehr gut.

Elisen Lebkuchen

Nimm:

5 ganze Eier
50 dag Zucker
50 dag geriebene Mandeln
10 dag Zitronat
10 dag Aranzini
1 KL Zimt
1 KL Nelkenpulver
1 Messerspitze Kardamom
1 Messerspitze Korianderpulver
1 KL Inwerpulver
1 Messerspitze geriebene Muskatnuß
abgeriebene Zitronenschale

Zitronenglasur

Rühre die Eier mit dem Zucker schaumig und menge alle anderen Zutaten unter. Lasse die Masse über Nacht stehen und forme am nächsten Tag Kugeln, die du auf Waffeln gibst, mit einem Löffel flach drückst und mit abgezogenen Mandeln belegst. Backe die Lebkuchen 20 Minuten bei 150 Grad und streiche noch warm Zitronenglasur darauf.

Zimtsterne

Nimm:
25 dag ungeschälte, geriebene Mandeln
12 dag geriebene Walnüsse
60 dag Zucker
9 dag Arancini
1dag Zimt
Eiweiß nach Bedarf

Nimm für das Zitroneneis:
Saft einer Zitrone
Staubzucker, so viel, daß eine dicke Glasur entsteht

Wirke alle Zutaten zu einem Teig zusammen, walke ihn 5 mm dick auf Kristallzucker aus, beeise ihn mit dem Zitroneneis und steche dann die Sterne aus. Den Ausstecher immer naß machen, damit die Masse nicht daran kleben bleibt. Backe die Zimtsterne bei 150 Grad bei halboffener Backrohrtür.

Polnischer Lebkuchen
(in Kastenform)

Nimm:

1 l Mehl (halb Weizen, halb Roggen)
1 Päckchen Backpulver oder Hirschhornsalz
1/4 l Honig
25 dag Zucker
1/2 TL Nelkenpulver
2 TL Zimt
1 EL Fett
1/16 l Milch
3 ganze Eier
Feigen, Zwetschken, Nüsse, Datteln, Rosinen, Aranzini, Zitronat gehackt und in 1/8 l Rum eingeweicht

Lasse den Honig, den Zucker, die Gewürze und das Fett mit der Milch aufkochen. Nach dem Abkühlen gib das mit dem Backpulver vermischte Mehl dazu, wie die Eier und das im Rum eingeweichte Obst und arbeite den Teig gut ab. Fülle die Masse in eine gut gebutterte und mit Mehl ausgefähte Kastenform und backe diese bei 180 Grad gut eine Stunde oder etwas länger. Nadelprobe!

Diese Menge reicht für zwei normale Kastenformen und hält sich lange frisch. Schneide den Lebkuchen in dünne Scheiben.

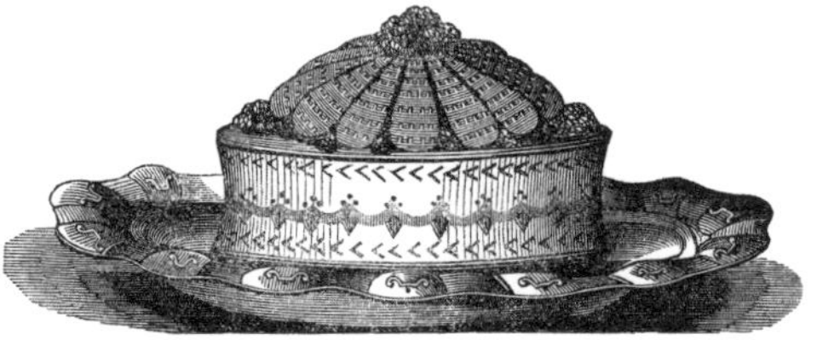

Lebkuchenschnitten

Nimm:

30 dag Mehl
5 dag Honig
20 dag Zucker
7 dag Aranzini
5 dag geriebene Nüsse
5 dag geschnittene Feigen
5 dag Rosinen

5 dag Zitronat
2 EL Rum
2 ganze Eier
2 EL Zitronensaft
Zimt, Nelkenpulver
1 geriebener Apfel
1 Kaffeelöfferl Natron

Vermenge alle Zutaten gut und streiche sie auf ein gefettetes Blech ca. 2 cm dick und backe im nicht zu heißen Rohr. Noch warm glasiere die Lebkuchenplatte mit Zitronenglasur und schneide sie nach Erkalten in gefällige Schnitten. Glasiere mit Zitronensaft der mit Staubzucker verrührt wird.

Muskazinerl
(Ein Biedermeierrezept)

Nimm für den Teig:
21 dag Nüsse
14 dag Zucker
Zimt, Nelkenpulver, geriebene Muskatnuß
geriebene Zitronenschale
4 dag Mehl
4 Dotter

Nimm für die Glasur:
7 dag Staubzucker
Saft einer halben Zitrone

Wirke alle Zutaten zu einem Teig zusammen und walke ihn dünn aus. Dann steche verschiedene Formen aus und backe sie hell. Noch warm beeise sie.

5. Kapitel
Weil Österreich etwas anders ist ...

Ein kleiner Diktionär diverser Begriffe, die nicht allerorts bekannt sind

Diktionär

Aranzini: Orangeade
ausfähen: bestreuen
auswalken: ausrollen

Backrohr: Backofen
Beeisen: Glasieren
Biskotten: Löffelbiskuits
Brösel: Paniermehl
Bröckerl: Klümpchen
Busserl: Makronen

dag: 10 Gramm
Dotter: Eigelb

Eiklar: Eiweiß
Eis: Glasur
Eiskasten: Kühlschrank

faschieren: durch den Fleischwolf drehen
flaumig rühren: schaumig rühren
Fleischmaschine: Fleischwolf

Hiatalen: Hütchen

Kanditen: gezuckerte Früchte
Kastenform: Königskuchenform
Kipferl: Hörnchen
Kochschokolade: Blockschokol.
Kristallzucker: Grießzucker

Marillen: Aprikosen
Maroni: Kastanien

Nudelwalker: Nudelholz

Obers: Sahne
Orangen: Apfelsinen

Pignoli: Pinienkerne
Powidl: böhmisches Zwetschkenmus

Rein: Topf
Ribisel: Johannesbeeren

Saurer Rahm: Saure Sahne
Schlagobers: Schlagsahne
Seitel: 0,3 Liter
Staniol: Alufolie
Stanitzl: Tüte
Staubzucker: Puderzucker
Striezerl: kleiner Zopf

Weichsel: Schattenmorelle
Weitling: weite Rührschüssel

Zuckerl: Klümpchen
Zwetschken: Pflaumen